RASPOUTINE

Entre sainteté et imposture

Par Galia de Backer

50MINUTES.fr

RASPOUTINE, ENTRE SAINTETÉ ET IMPOSTURE

LA DERNIÈRE CONTROVERSE DE LA RUSSIE IMPÉRIALE

- **Naissance ?** Probablement le 10 janvier 1869, Pokrovskoïe (Russie)
- **Mort ?** 16-17 décembre 1916, Saint-Pétersbourg (Russie)
- **Apports majeurs ?** Guérisseur et mystique influent auprès de la famille impériale russe, qui participe au discrédit et à la chute du tsar Nicolas II et de son épouse.

Raspoutine est un personnage qui ne laisse jamais indifférent. Tous ceux qui croisent son chemin sont troublés par son puissant charisme, en mal ou en bien. Aujourd'hui encore, son rôle dans l'histoire de la chute de l'Empire russe (1917) est sujet à controverses. D'où vient ce grand homme aux yeux clairs et à la barbe hirsute ? Comment a-t-il fait pour que les dames de la cour de Russie l'appellent « maître » et baisent ses mains aux ongles crasseux ? Est-il le manipulateur pervers et le charlatan dépravé décrit par la légende ou un simple bouc émissaire entre les mains des historiens, rendu responsable du déclin de la Russie impériale ?

Toutes ces questions nous mèneront sur les sentiers de la Russie impériale, à la veille de son effondrement, mais aussi dans ses salles de bal et ses bistrots crasseux, sur les pas du paysan sibérien.

BIOGRAPHIE

Grigori Raspoutine entouré du général Putyatin et du colonel Loman, vers 1907 par Karl Bulla (photographe d'origine prussienne, 1853-1929).

GRANDIR EN SIBÉRIE

Grigori Efimovitch Raspoutine naît probablement le 10 janvier 1869 dans le petit village sibérien de Pokrovskoïe, à quelque 2 500 km à l'est de Saint-Pétersbourg. Ses parents, Efim Andreïevitch et Anna Egorovna, élèvent des chevaux et gèrent leur ferme. Bien qu'il plane encore des doutes sur la composition de la fratrie, on peut affirmer avec certitude que Grigori a au moins une petite sœur, Feodossia, de sept ans sa cadette et probablement un frère cadet, Mikhaïl.

Contrairement à une grande partie de la population russe à cette époque, la famille Raspoutine est relativement épargnée par les conditions de vie difficiles. En effet, le village n'a plus connu de famine depuis plus de cent ans et le commerce familial prospère suffisamment que pour subvenir aux besoins de l'isba des Raspoutine, cette maison russe traditionnelle reconnaissable à ses rondins empilés les uns sur les autres tels un chalet.

Les enfants Raspoutine ne vont pas à l'école, ce qui est courant dans une région où l'éducation est souvent perçue comme inutile, voire démoniaque. Le jeune Grigori grandit donc analphabète. Par ailleurs, il se forge vite une réputation de chapardeur et de bagarreur.

À l'âge de 12 ans, simulant une bagarre avec Mikhaïl, le jeune Grigori tombe avec son petit frère dans la Toura, rivière sibérienne capricieuse. Ils parviennent de justesse à se hisser sur le rivage, mais attrapent une pneumonie : faute de médecin, Mikhaïl y succombe. Grigori, quant à lui, se rétablit après de longues journées de combat contre la fièvre. Il déclare alors qu'il a aperçu dans son délire une belle dame. Cette vision est immédiatement interprétée par le pope du village (un prêtre chrétien orthodoxe) comme une apparition de la Vierge Marie. Les villageois le tiennent désormais pour un miraculé.

D'autres événements mystiques viennent attester la thèse selon laquelle il aurait reçu des dons du Ciel. Il guérit, entre autres, un cheval au tendon blessé ou démasque un voleur de chevaux grâce à une vision divinatoire.

ENTRE LES CHAMPS ET L'ÉGLISE

Grigori Efimovitch, devenu l'homme robuste qu'on décrira plus tard, se forme au travail des champs. À l'âge de 18 ans, il se marie avec Praskovia Doubrovina, une grande femme aux yeux noirs qui, elle aussi, sait travailler aux champs. Leur premier fils, Mikhaïl, naît en 1889 et meurt quatre mois plus tard. Suite à ce drame, Grigori sombre dans la débauche, comme pour se venger de ce coup du destin, et multiplie les blasphèmes contre Dieu et le tsar.

En 1892, il est exilé pour un an de son village en raison d'une sombre histoire de vol. Il entreprend alors un périple de recueillement à travers la Sibérie pour expier ses péchés. En cours de route, il fait la rencontre du Macaire, le starets de la région (moine ou ermite russe que le peuple érige en tant que prophète), qui lui prédit un grand avenir et l'envoie en pèlerinage en Grèce.

Un deuxième fils, conçu entre deux voyages, naît de leur union en 1894, mais il ne survit que quelques mois. En

1895, c'est le petit Dimitri qui vient au monde, leur premier enfant qu'ils verront grandir. Grigori a ensuite deux filles, Matriona en 1898 et Varvara en 1900. Au cours de ses pérégrinations et à force de prêcher avec les mots du peuple, Grigori Raspoutine se forge une réputation de saint homme. En effet, contrairement à la majorité des hommes de foi, il n'entend pas se plier au vocabulaire des Écrits saints ; Raspoutine préfère puiser dans le quotidien des paysans pour les amener vers Dieu. Cependant, ses prêches ne mènent pas directement aux églises.

En effet, Raspoutine rejoint la secte des khlysty qui affirme que la voie vers les Cieux passe inévitablement par le péché. Dieu ne serait accessible qu'à ceux qui auraient tenté de se rapprocher de lui par des actes de débauche scandaleux : transes collectives, nudité, fornication, etc. Entre les réunions nocturnes et les flagellations qui se pratiquent chez les khlystys, les autorités orthodoxes sont alertées et mettent fin au groupuscule.

CAP SUR LA CAPITALE

Après avoir acquis le statut de starets, Grigori continue à arpenter les routes de Russie. En automne 1904, ses pas le mènent jusqu'à Saint-Pétersbourg. Ébloui par le luxe de la ville impériale, il veut rencontrer les hauts dignitaires de l'Église ainsi que la famille impériale. Notre charismatique starets parvient à séduire Théophane de Poltava (archevêque et théologien russe orthodoxe, 1872-1940), l'inspecteur de l'académie de théologie de Saint-Pétersbourg, qui l'introduit aux cercles rapprochés de la famille impériale. Le

1er novembre 1905, Raspoutine rencontre pour la première fois le tsar Nicolas II (dernier empereur de Russie, 1868-1918) et son épouse, la tsarine Alexandra Feodorovna (1872-1918), Alix de Hesse-Darmstadt de son vrai nom.

Portrait de Nicolas II, peinture à l'huile d'Earnest Lipgart (1847-1932), 1900.

Dans un contexte sociopolitique que la famille impériale a du mal à contrôler, l'homme de la campagne apparaît à leurs yeux comme un juste représentant du peuple russe, qu'ils imaginent pieux et attaché à la monarchie. Comme pour confirmer ce préjugé positif, il s'avère que le pèlerin a le pouvoir de calmer les crises de douleur du fils hémophile du couple impérial, le tsarévitch Alexis Nikolaïevitch de Russie (1904-1918).

DES ENNEMIS MORTELS

Dès 1907, Raspoutine est la cible de complots fomentés par l'entourage proche ou lointain de la famille impériale, inquiet de l'ascendance du moujik (nom donné aux paysans en Russie sous l'Ancien Régime) sur le couple royal : il considère que ce paysan prend beaucoup de place sur l'échiquier politique et s'inquiète de son influence qu'il pourrait exercer à mauvais escient.

En effet, les membres de la famille impériale voient d'un mauvais œil ce paysan aux allures brusques qui, contrairement à eux, vient du peuple. Par conséquent, il sait la misère dans laquelle se vautrent des milliers de Russes. Dès lors, il ne défend pas les mêmes intérêts que les enfants de la cour, nés dans l'aisance. Cette différence fait de Raspoutine un ennemi de naissance pour les diplomates Petersbourgeois. Toute perspective qui ferait de lui un personnage politiquement influent répugnait les gens de la cour.

Ainsi, Raspoutine se met peu à peu tout le monde à dos : la Douma (jeune parlement russe constitué à Saint-Pétersbourg en 1906) lui reproche d'intercéder dans les affaires de l'État, l'Église dénonce sa foi exaltée mêlée de débauche tandis que la presse l'accuse de conduire la Russie à sa perte. Or le starets est plus que jamais protégé par l'impératrice, persuadée qu'il est le seul capable de maintenir le tsarévitch en vie.

Farouchement opposé à l'entrée en guerre de la Russie en 1914 (durant la Première Guerre mondiale, 1914-1918), Raspoutine voit son influence insuffisante pour empêcher le massacre. Très vite, la Russie perd du terrain et les citoyens russes s'attachent à trouver un bouc émissaire. Raspoutine est alors accusé par certains de travailler à la solde des Allemands, voire des bolcheviks (membres du Parti Social démocrate russe, créé sous l'impulsion de Lénine [homme d'État et révolutionnaire russe, 1870-1924] en 1903, qui prendra le pouvoir après la Révolution russe de février 1917). La vie débridée qu'il continue à mener va jusqu'à entacher la réputation de la famille impériale elle-même.

Aussi la situation ne cesse-t-elle de s'envenimer sur tous les plans. Dans la nuit du 16 au 17 décembre 1916, Grigori Raspoutine est invité à dîner au palais Youssoupov (Saint-Pétersbourg) où il sera assassiné par une bande de hauts dignitaires déterminés.

CONTEXTE

LA RUSSIE IMPÉRIALE, AUTOCRATIE ET MISÈRE POPULAIRE

À l'époque où Grigori Raspoutine voit le jour, l'Empire russe est plongé dans une crise politique profonde. En effet, le tsarisme n'a pas évolué depuis Pierre le Grand (1672-1725), premier empereur russe. Tous les pouvoirs sont concentrés entre les seules mains du tsar, monarque tout puissant par excellence. Ce système autocrate rend impossible toute évolution au sein de la société russe, ce qui fait d'elle l'« attardée » des puissances européennes.

En effet, si le servage est aboli en 1861, le monde paysan n'en reste pas moins plongé dans une misère sans nom : il n'a aucun accès aux innovations contemporaines et se trouve sans ressources pour améliorer sa production agricole. Par ailleurs, les autorités impériales ne se préoccupent pas le moins du monde de la question paysanne.

Cette crise est aggravée par la forte croissance démographique dans les nouvelles grandes villes industrielles. Au début du XXe siècle, dans un contexte de déploiement industriel et urbain tardif, le taux de mortalité infantile diminue sensiblement tandis que les taux de natalités connaissent une hausse impressionnante.

En effet, à partir de 1890, il est décidé en haut lieu de développer l'industrie rapidement, au détriment des paysans. Or cette dernière reste cantonnée à un petit nombre de régions et se concentre autour des villes. De ce rapide bouleverse-ment naît une nouvelle classe sociale, la bourgeoisie, qui remet en question, de façon plus ou moins radicale, le système politique tsariste centenaire. Cette bourgeoisie voit le jour dès que l'accumulation de biens financiers octroie un pouvoir politique capable de s'opposer à l'aristocratie, vestige de l'Ancien Régime.

Parallèlement à la bourgeoisie se crée une autre classe sociale, moins bien lotie : le prolétariat. Il ne possède rien et ne peut que monnayer sa main d'œuvre pour survivre. Ainsi, Raspoutine a évolué dans une Russie impériale aux écarts vertigineux, entre ville florissante et campagne miséreuse.

NICOLAS II, FAIBLE MONARQUE

Nicolas II succède à son père, Alexandre III (1845-1894), alors qu'il n'est âgé que de 26 ans : le nouvel empereur est conscient d'être trop jeune pour endosser ce rôle. Il poursuit la politique de développement industriel introduite par le ministre des Finances Serge de Witte (1849-1915) sous le règne de son père. Le Trésor tient alors en grande partie grâce au commerce de la vodka, la consommation abondante d'alcool n'étant pas l'apanage du seul Raspoutine. Ce refus de faire évoluer la Russie, ainsi que la tendance à favoriser l'industrie au détriment de la paysannerie, rendent le couple impérial impopulaire.

Au tournant du XXᵉ siècle, les choses commencent à se compliquer. Plusieurs grèves estudiantines éclatent dans les villes universitaires afin de contester le pouvoir autocrate du tsar tandis que des attentats sont commis à l'encontre des autorités. De plus, les velléités de russification de Nicolas créent des tensions en Finlande et en Arménie. Alors rattaché à l'Empire russe, le grand-duché de Finlande lutte pour son indépendance, ce à quoi Nicolas II réagit par un programme d'éradication des séparatistes. En Arménie russe, des manifestations visant à défendre les droits de la minorité finissent en bain de sang. Pourtant, Nicolas II tente à tout prix de conserver l'unité du pays autour de la figure du tsar.

En février 1904, un conflit russo-japonais éclate en Mandchourie (territoire situé au nord-est de l'Asie) à propos de la Corée. Après avoir porté main forte au pouvoir chinois pour mater la guerre des boxers en 1900 (mouvement de révolte xénophobe et nationaliste chinois), la Russie s'est vue attribuer le protectorat de la Mandchourie. Pourtant, au fil des ans, le Japon constate avec mécontentement la présence de plus en plus imposante des Russes en Corée, une région minière. Après plusieurs menaces, le Japon attaque la Russie afin de reprendre le contrôle de la Mandchourie et de la Corée. Huit mois plus tard, une trêve est signée, suivie de près par le traité qui met définitivement fin au conflit. La Russie sort humiliée de la guerre, de même que son tsar.

Pendant ce temps, les ouvriers et les étudiants s'organisent. « Laisse ton peuple gouverner avec toi le pays », demande le prêtre orthodoxe russe Gueorgui Gapone (1870-1906), chef du mouvement syndical à Saint-Pétersbourg. Sous l'impulsion du pope, la classe ouvrière russe sort dans les rues le dimanche 9 janvier 1905. Elle veut manifester de manière pacifique pour l'amélioration de ses conditions de vie, tout en scandant des « Vive le tsar ! ». Pourtant, cette manifestation est mal reçue par l'armée qui ouvre le feu et la réprime sévèrement. Le bilan, qui compte des centaines de morts, est terrible. Ce dimanche rouge de Saint-Pétersbourg signe définitivement le divorce entre le tsar Nicolas II et son peuple : c'est le début de la Révolution russe de 1905. L'année toute entière sera secouée par des grèves et des soulèvements. D'aucuns affirment qu'il s'agirait presque d'une répétition de la révolution à venir de 1917.

Le matin du 9 janvier (à la porte de Narva), gravure d'un artiste inconnu, avant 1925.

Le 30 octobre, le tsar se voit contraint d'accepter la transformation de l'Empire russe en monarchie semi-constitutionnelle (régime politique où les pouvoirs du monarque sont limités par la Constitution). Jusqu'à ce que la guerre contre l'Allemagne éclate, Nicolas II oscille entre autoritarisme et tentatives de libéralisation du système politique russe, diminuant par là même les pouvoirs de l'État. En effet, le centre du pouvoir se déplace doucement vers l'industrie et la bourgeoisie, sans l'appui de laquelle la monarchie ne tient plus debout.

Alors que Raspoutine envoie au tsar des exhortations pressantes à la paix, l'Allemagne déclare la guerre à la Russie le 19 juillet 1914. Le Reich (l'Empire allemand), qui devra se battre sur deux fronts, veut agir vite et prendre de court la Russie qui était encore en train de s'armer. Quelques jours avant, Raspoutine envoyait un télégramme presque prophétique au tsar : « Que Papa ne fasse pas la guerre ! La guerre signifie la fin de la Russie et de vous-même. Vous périrez tous ! » (Carrère D'Encausse (Hélène), *Les Romanov. Une dynastie sous le règne du sang*, Paris, Fayard, 2013, p. 387)

L'intérêt de la guerre n'échappe pas à Lénine. L'affaiblissement progressif du pays en ces temps belliqueux accorde un avantage au mouvement révolutionnaire. Tandis que Nicolas II prend les rênes de l'armée russe en perdition (notamment en raison de problèmes de ravitaillement), Alexandra Feodorovna dirige la Russie en ébullition, secondée par notre moujik sibérien jusqu'à son assassinat en 1916.

Le 26 février 1917, l'armée fraternise avec la foule des manifestants, touchée elle aussi par le désastre de la guerre et la misère croissante : la famille impériale est faite prisonnière et Lénine s'empare du pouvoir.

RELIGION ET MYSTICISME

Parallèlement à l'état de crise dans lequel se trouve la Russie, l'Église orthodoxe russe traverse elle aussi une période difficile. Son autorité, liée à celle du tsar, est remise en question par l'*intelligentsia* naissante. Le Saint-Synode, institution collégiale régissant l'Église entière, souffre de la tutelle laïque (c'est-à-dire extérieure à l'Église) qui la lie au tsar. Par ailleurs, le christianisme orthodoxe russe côtoie le vieux paganisme magique. Malgré la conversion de la Russie au christianisme en 988, la majorité de la population continue en effet à pratiquer nombreux rites et coutumes de l'ère païenne.

LES KHLYSTY

La secte russe des Khlysty est fondée à la fin du XVIIe siècle en réaction à la hiérarchisation de l'Église orthodoxe russe. Elle prêche la flagellation (ses membres sont d'ailleurs des « flagellants ») et la débauche (en tant qu'étape purificatrice vers la rédemption) pour mieux expier les péchés. Selon leur doctrine, chaque homme peut devenir le Christ, qui était lui-même un homme de chair.

Alors que cette pratique est interdite par les autorités impériales, ses disciples clandestins se retrouvent la nuit pour entamer leur rituel, non exempt d'épisodes de flagellation. Ils se balancent longuement en cercle au rythme des cantiques puis se roulent par terre. Ces cérémonies, auxquelles Raspoutine lui-même aurait participé, prenaient parfois l'allure d'orgie.

De plus, Saint-Pétersbourg est le lieu de tous les occultismes. La haute société raffole de divination, de spiritisme et de symbolisme. Mages et devins détournent leur public de la réalité d'un empire déchiré entre la brusque industrialisation et l'arriération d'un système trop figé.

MALADES ROMANOV

Dans ce contexte de crise nationale, la famille impériale doit faire face, en son sein même, à de sérieux problèmes de santé. Le tsarévitch Alexis naît en 1906 atteint d'hémophilie, une maladie héréditaire rare qui empêche la coagulation correcte du sang. La maladie lui est transmise par sa mère, dans la famille de laquelle on avait déjà constaté la tare. L'enfant est faible et fragile, et la situation est d'autant plus grave qu'il est le seul héritier mâle du trône impérial.

Romanov-Holstein-Gottorp

Nicolas Ier
(1825-1855)
1796 † 1855

- **Alexandre II** (1855-1881)
1818 † 1881
- Constantin
1827 † 1892
  - Constantin
  1858 † 1915
  - Dimitri
  1860 † 1919
- Nicolas
1831 † 1891
  - *Nicolas
  1856 † 1929
  (Nicolacha)
  - Pierre
  1864 † 1934
- Michel
1832 † 1909
  - Nicolas
  1859 † 1919
  - Georges
  1863 † 1919
  - Alexandre
  1866 † 1933
  (Sandro)
  - Serge
  1869 † 1918
  - Alexis
  1875 † 1895

- Vladimir
1847 † 1909
  - Cyrille
- **Alexandre III** (1881-1894)
1845 † 1894
  - Xenia
  1875 † 1960
  - **Nicolas II** (1894-1917)
  1868 † 1918
    - Olga
    1895 † 1918
    - Tatiana
    1897 † 1918
    - Maria
    1899 † 1918
    - Anastasia
    1901 † 1918
    - Alexis
    1904 † 1918
    (Tsarévich)
  - **Michel
  1878 † 1918
  - Olga
  1882 † 1960
- Alexis
1850 † 1908
- Serge
1857 † 1905
- Paul
1860 † 1919
  - Dimitri
  1891 † 1942

* Nicolas, grand-duc et chef des armées
** Michel, désigné successeur le 3 mars 1917 - renoncé le 4
(xxxx-xxxx) Dates du règne

Arbre généalogique de la famille royale russe.

La tsarine supporte mal l'idée d'avoir transmis cette maladie à son fils. Elle qui était déjà tourmentée, sombre désormais plus profondément encore dans sa névrose. Alexandra Feodorovna serait aujourd'hui qualifiée de maniaco-dépressive. Comme pour trouver un sens aux turpitudes de son destin, l'impératrice est habitée par une foi chrétienne qui frôle l'obsession. Elle cherche désespérément ce qui sauvera son fils du mal familial.

C'est dans ce contexte enclin aux croyances hétéroclites que Raspoutine rencontre la famille impériale. Lorsqu'il parvient à calmer une crise d'hémophilie du tsarévitch par un simple regard prolongé, l'impératrice crie au miracle et s'attache immédiatement au starets.

Ainsi, le début du XXe siècle est particulièrement pénible pour la Russie impériale :

- la guerre contre le Japon est perdue ;
- la population se soulève contre l'archaïsme du système socio-économique et s'organise peu à peu contre le pouvoir impérial ;
- le couple impérial est de plus en plus impopulaire et son pouvoir périclite ;
- Nicolas et Alexandra donnent naissance à un héritier malade.

Avant même de rencontrer Raspoutine, la dynastie des Romanov était déjà à bout de souffle.

TEMPS FORTS

CHARISMATIQUE RASPOUTINE

La vie de Grigori Raspoutine est déterminée par l'impression forte qu'il laisse aux gens qui croisent son chemin. Le personnage qu'il s'est construit et qu'on a construit autour de lui est indéniablement puissant.

En effet, Grigori attire l'attention dès sa plus tendre enfance. Outre les visions divines dont il fait l'expérience sous l'effet de la fièvre, il est naturellement attiré par la foi chrétienne orthodoxe. La figure du moine errant, particulièrement prégnante dans l'histoire russe, le fascine. Lorsqu'il prend la route dans les années 1890, c'est pour aller chercher aux quatre coins du monde orthodoxe des réponses à ses questions. Il revient de ses voyages avec une popularité toujours grandissante.

Lorsqu'il arrive à Saint-Pétersbourg, la réputation de Raspoutine l'a précédé. Il est recommandé par plusieurs personnalités ecclésiastiques, dont Théophane, tandis que son allure particulière ne laisse pas indifférent.

C'est à l'occasion d'un goûter chez des cousines du tsar que Raspoutine fait la rencontre de Nicolas II et Alexandra. Lors de cette première entrevue, il se permet de tutoyer les monarques et surnomme le tsar « Petit Père ». Contrairement à ce qu'on aurait pu croire, le couple impérial est amusé par l'attitude très familière du moujik. Loin de se méfier de lui, le tsar est touché par l'attachement envers la couronne dont

Raspoutine fait preuve.

Dans un contexte où l'autorité impériale est mise à mal, le starets apparaît comme un digne représentant du peuple russe, ainsi que le tsar se le représente. Pour lui, ce sont des liens divins qui l'unissent à son peuple, qui l'aime profondément d'un amour religieux. Autant dire que Nicolas II ne prend pas la mesure de la rupture entre la couronne et le peuple russe qui est en train de se jouer.

Deux ans plus tard se produit un événement qui liera définitivement Raspoutine à la famille impériale. Lorsque le petit Alexis trébuche dans le parc de Tsarskoïe Selo (ville russe surnommée « village des tsars » à quelques kilomètres de Saint-Pétersbourg, aujourd'hui rebaptisée Pouchkine), les médecins de la cour se retrouvent impuissants devant l'œdème qui se forme et la douleur de l'enfant. Désemparée, l'impératrice décide de faire appel au starets en dernier recours. Raspoutine accomplit alors le miracle tant attendu : assis au chevet du tsarévitch, le moujik regarde intensément l'enfant, qui s'endort paisiblement. Le lendemain, l'hématome a disparu. En se présentant comme l'envoyé de Dieu, Raspoutine a réussi à nouer des liens étroits avec la famille impériale en des lieux où, en temps normal, aucun paysan n'a accès.

Raspoutine entouré de la tsarine, de ses enfants et de la gouvernante, 1908.

Pour comprendre plus profondément les « pouvoirs » du starets, il faut savoir que Raspoutine rejette radicalement tout médicament conseillé par les médecins de la cour et ordonne à la tsarine de cesser toutes les potions et poudres prescrites. On sait aujourd'hui que parmi ces remèdes, on avait administré au tsarévitch de l'aspirine. Or, l'aspirine étant connue aujourd'hui pour ses propriétés anticoagulantes, lui en prescrire aggravait sensiblement la maladie du jeune garçon.

En dehors de cette explication toute concrète, on peut aussi admettre que la présence de Raspoutine, par son charisme indéniable et sa charge religieuse, a un effet apaisant sur les personnes qu'il soigne. Dans le cas du tsarévitch, la détente, qui se caractérise par la diminution du rythme cardiaque, est une condition indispensable pour calmer les crises d'hémophilie. Dans cette mesure, on peut mieux comprendre les témoins de ces guérisons, comme le prince Félix Youssoupov (futur assassin de Raspoutine, 1887-1967), qui raconte que le moujik soignait à la seule force de son regard ou en posant simplement une main sur le bras du malade.

À partir de ce moment, Raspoutine se forge une réputation de plus en plus mystique au sein de la haute société sainte pétersbourgeoise. S'il est vu d'un mauvais œil par bon nombre de personnalités, tous s'accordent sur son puissant charisme. Maurice Paléologue (1859-1944), diplomate français en fonction à Saint-Pétersbourg entre 1914 et 1917, relate les dires d'une comtesse :

> « [Raspoutine] a une verve et une fantaisie extraordinaire. Il est même parfois très éloquent ; il a le don des images et un sens profond du mystère... [...] Oui, je vous assure qu'il a, certains jours, une façon très originale et saisissante de parler. Il est tour à tour familier, railleur, violent, joyeux, absurde, poétique. Avec cela, nulle pose. Au contraire, un sans-gêne inouï, un cynisme ahurissant. » (PALÉOLOGUE (Maurice), *Le*

crépuscule des tsars. Journal (1914-1917), Paris, Mercure de France, 2007, p. 90-91)

Bientôt, l'humble demeure de Raspoutine se transforme en salon fréquenté par les personnages les plus hauts placés de la cour impériale. Chacun (principalement des femmes) se précipite chez le starets pour avoir son avis, solliciter son aide, le questionner sur l'avenir ou demander un remède. L'affluence accrue lui confère un pouvoir toujours grandissant qui aura raison de sa sainteté. En effet, se voyant soutenu et protégé par des personnes aux influences diverses et variées, Raspoutine prend la confiance. Il ne se fait désormais plus de souci quant à la légitimité de sa présence à la capitale et auprès de l'impératrice ; il laisse libre cours à ses penchants pour la débauche.

SCANDALEUX RASPOUTINE

Bien qu'on ait en quelque sorte diabolisé Grigori Raspoutine (de son vivant ou après sa mort), on ne peut nier les écarts de conduite de ce paysan sibérien. Nous avons déjà parlé de cette tendance qu'il avait à sombrer dans les excès dans les moments sombres de son existence. Pourtant, ce penchant prend des proportions toutes nouvelles dès lors qu'il devient un personnage public proche de la cour impériale :

- d'une part, ses faits et gestes sont désormais observés de près par ses détracteurs, impatients d'assister à sa disgrâce ;
- d'autre part, la réprobation qu'il suscite rejaillit directement sur l'image de la famille impériale.

Rapidement après la fameuse crise d'hémophilie d'Alexis à laquelle il met fin, Raspoutine peut se flatter d'être l'une des rares personnes à avoir le droit de surgir dans le cocon familial impérial sans s'annoncer. Mais lorsqu'il n'est pas en présence du couple impérial, enhardi par l'emprise qu'il a sur les Saint-Pétersbourgeois, Raspoutine s'adonne aux vices : il abuse de l'alcool, vend son influence (en glissant quelques mots à l'oreille de l'impératrice à propos de telle ou telle cause) et multiplie les aventures.

L'année 1908 marque l'apogée de l'influence de Raspoutine à la capitale. Pendant ses consultations, il invite ses fidèles à se livrer à la débauche pour mieux se rapprocher de Dieu. La légende se déploie à un point tel qu'on va jusqu'à murmurer des histoires insensées sur la taille de son pénis. En même temps qu'il agrandit son cercle d'admirateurs, il donne également à ses détracteurs de bonnes raisons de justifier leur mécontentement. Ceux-ci, qui dénoncent l'emprise démesurée d'un simple moujik sur la famille impériale, tentent à plusieurs reprises de prouver son appartenance à la secte interdite des Khlysty, en vain.

CONTOURNER LES PIÈGES

Stolypine (1862-1911), Premier ministre de Nicolas II, fait partie de ces contempteurs. Il met en place une énième enquête policière visant cette fois à démontrer l'attitude impardonnable de Raspoutine à l'égard des femmes. Les recherches aboutissent à la conclusion la plus radicale : Raspoutine est un dépravé qui, non content de bafouer la religion orthodoxe, profite de son ascendant sur la gent féminine pour en abuser sexuellement.

Stolypine, fort de ce constat officiel, se précipite au palais Catherine (à Pouchkine) pour convaincre le tsar d'éloigner définitivement ce sombre personnage de Saint-Pétersbourg. C'était sans compter sur l'attachement du tsar à Raspoutine, cet homme qui lui est devenu indispensable à la santé physique de son fils, à la stabilité psychologique de sa femme et sans doute à la sienne également. Le tsar lui rétorque : « N'aurions-nous pas le droit, l'impératrice et moi, d'avoir nos propres relations, de voir qui bon nous semble ? » (GUÉRASSIMOV (Général), *Tsarisme et terrorisme. Souvenirs du Général Guérassimov, ancien chef de l'Okhrana de Saint-Pétersbourg 1909-1912*, Paris, Plon, 1934 cité dans CARS (Jean des), *Nicolas II et Alexandra de Russie. Une tragédie impériale*, Paris, Perrin, 2015, p. 170)

Sans l'accord du tsar, Stolypine décide alors de faire arrêter Raspoutine. Mais ce dernier, prévenu par un allié des intentions de l'Okhrana (police politique secrète de l'empire), devance son arrestation et retourne de lui-même dans son village natal.

CONTENTIEUX AVEC L'ÉGLISE

À son retour de Sibérie, début 1909, seulement quelques semaines après sa fuite, Raspoutine commence à s'intéresser de plus près aux affaires de l'Église. Non content de s'être mis à dos le Premier ministre, il commence à s'attirer les foudres des autorités ecclésiastiques.

En effet, il défend auprès du tsar la cause d'un jeune

moine exalté se donnant des airs de prophète et critiqué par l'Église. Cette initiative redore son blason auprès de l'opinion publique après avoir quelque peu souffert des accusations de dépravation. Des foules se réunissent pour acclamer le sauveur du jeune moine. « Homme de dieu » pour son public, Raspoutine courrouce l'Église qui se voit remise à sa place par le tsar.

Dès lors, les relations que le moujik entretient avec le Saint-Synode seront de plus en plus conflictuelles. Son ancien protecteur, Théophane, se retourne contre lui et l'accuse de perdition spirituelle. Il se base, pour cela, sur le témoignage de plusieurs femmes qui affirment avoir été violées par Raspoutine. L'archevêque se tourne alors vers l'impératrice pour éloigner le moine sibérien de la cour, mais rien n'y fait : Alexandra excuse les égarements de son ami, qu'elle refuse de considérer comme un violeur, car il est d'abord un homme de chair. Théophane repart ulcéré de cet entretien peu concluant et jure la perte de son ancien protégé. La tsarine congédie les accusatrices du palais, incapables de reconnaître la sainteté du moine sibérien.

Deux starets, Théophane et Raspoutine, 1909.

Ces derniers événements marquent un tournant pour le starets. Si l'impératrice continue à le défendre jusqu'à la fin de sa vie, son nom commence à provoquer, presque à l'unanimité, la réprobation.

La situation prend des proportions impensables le 16 décembre 1911, quand une rixe sanglante éclate alors qu'un petit groupe d'hommes d'Église s'était rassemblé pour accabler Raspoutine. Il est « démystifié » par ses semblables, qui le déclarent impropre à représenter l'Église orthodoxe. Il parvient à s'échapper de justesse. Il écrit à la tsarine : « On a voulu me tuer, Maman. » (MARY (Luc), *Raspoutine. Prophète ou imposteur ?*, Paris, L'Archipel, 2014, p. 113) Les foudres de la tsarine s'abattent alors sur le Saint-Synode : ceux qui avaient fait partie du guet-apens sont démis de leurs fonctions : s'entame alors un bras de fer entre certains membres du clergé et les Romanov.

UNE DANGEREUSE CORRESPONDANCE

Pour accabler le moujik et forcer le tsar à le disgracier, Isidore (haut dignitaire de l'Église orthodoxe de Saint-Pétersbourg), celui-là même qui avait été défendu par le starets, rend publique une correspondance fort gênante. Ainsi, Alexandra Feodoravna écrit à Raspoutine :

> « Mon inoubliable ami et maître, sauveur et conseiller, combien ton absence me pèse ! Mon âme ne trouve la paix, et je ne me sens détendue que lorsque toi, mon maître, tu es assis à mes côtés, que je te baise les mains et que je pose ma tête sur ta sainte épaule. Oh combien je me sens alors légère, et je n'ai qu'un seul désir : m'endormir pour l'éternité sur ton épaule et dans tes bras... Reviens vite. Je t'attends et je souffre sans toi... Celle qui t'aime pour l'éternité. M[aman]. » (CARS (Jean des), *Nicolas II et Alexandra de Russie. Une tragédie impériale*, Paris, Perrin, 2015, p. 190)

Ces mots incroyablement naïfs font l'effet d'une bombe à Saint-Pétersbourg : la Douma se soulève, le peuple crie à l'envoûtement et les calomnies sur l'impératrice pleuvent. Nicolas II, encore une fois dépassé par les événements, fait saisir les journaux diffamateurs et tente de censurer la vague anti-Raspoutine qui se déchaîne. Il accepte cependant avec soulagement la proposition de son ami de rejoindre sa région natale pour calmer le scandale.

SURSAUT DE GRÂCE

À l'automne 1912, Raspoutine est éloigné des Romanov. Si l'affaire n'est pas oubliée, elle s'est toutefois apaisée. C'est alors que survient un coup du destin. Lors d'un voyage en Pologne, Alexis fait une chute : si elle est anodine pour n'importe quel enfant, elle s'avère être une catastrophe pour le jeune garçon hémophile.

En quelques jours, l'hématome prend des proportions inquiétantes au niveau de l'aine. La douleur est si intense que le tsarévitch appelle la mort à son secours. Nicolas, Alexandre et leurs trois filles regardent, impuissants, le cadet de la fratrie agoniser. Le tsar décide d'annoncer au peuple la gravité de la situation, alors que la maladie d'Alexis était restée secrète : une vive émotion traverse immédiatement la Russie.

Entre temps, l'impératrice envoie un télégramme à Pokrovskoïe, pour implorer Raspoutine de prier pour son fils. Selon les dires de sa fille, celui-ci serait alors rentré en transe, suppliant Dieu de transférer toutes ses forces au jeune Alexis. Quelques minutes plus tard, il rédige un télégramme assurant à la tsarine que son fils survivrait et que les médecins devaient le laisser en paix.

Le lendemain, la fièvre tombe et le tsarévitch entame une longue convalescence. Chacun est alors en droit de s'interroger sur les raisons de cette guérison : hasard ? Complot ? Chamanisme ? Quoi qu'il en soit, suite à cet épisode, Grigori Raspoutine récupère triomphalement sa place auprès des Romanov.

INCURSIONS EN POLITIQUE

À la fin de l'année 1912, la tension politique européenne est palpable. La situation dans les Balkans (péninsule d'Europe du Sud) est catastrophique, et la Russie doit décider si elle soutient le Monténégro qui vient d'attaquer l'Albanie. Le tsar, en tant que protecteur des Slaves et souverain orthodoxe, se doit de prendre position aux côtés du Monténégro. Or les enjeux sont de taille, puisque l'Allemagne menace d'entrer en guerre si la Russie devait intervenir.

Résolument pacifiste, Raspoutine use de toute son influence pour éviter ce conflit. Il sait que les premiers à souffrir des combats sont les petites gens, le peuple, auquel il accorde une grande attention. Dans cette mesure, quels que soient les enjeux, la guerre est à ses yeux une ignominie à éviter à tout prix. Même si la crise des Balkans n'explose pas tout de suite, puisqu'une amnistie est signée le 3 décembre 1912, le conflit est bien inévitable.

PRÉMICES D'UNE MORT VIOLENTE

Alors qu'il s'est mis à dos le clergé, le Parlement et une grande partie de la population, Raspoutine est depuis quelques années déjà l'objet de bien des complots. Le 29 juin 1914, le starets est grièvement blessé par une ancienne prostituée que l'on soupçonne aujourd'hui d'avoir agi sur les ordres du moine Isidore. Lorsque la guerre éclate, il est en convalescence dans son petit village sibérien.

Le 25 mars 1915, il se trouve au cœur d'un esclandre dans un restaurant moscovite. Nicolas II en vient une fois de plus à reconsidérer les relations de sa famille avec cet individu trop scandaleux. Cependant, Raspoutine sort de l'entretien impérial après un sermon et un pardon du tsar tout aussi preste. Une fois de plus, il se retire en Sibérie pour calmer les esprits.

Quelques mois plus tard, alors que la Russie subit défaite sur défaite face à l'Allemagne, le tsar décide de remplacer au front son oncle, le grand-duc Nicolas (1856-1929). Il nomme Alexandra Feodorovna régente de l'empire. Par cette intermédiaire, Raspoutine nomme comme président du Conseil un certain Boris Stürmer (homme politique russe, 1848-1917). À l'annonce de cette décision, les Russes se cabrent. En effet, alors même que la Russie est en guerre contre l'Allemagne, la nomination d'un homme aux origines allemandes sonne aux oreilles du peuple comme une provocation.

Raspoutine est accusé de travailler pour le compte des Allemands, peut-être même des bolcheviks. Cette fois-ci, il cristallise à son endroit toutes les haines. Il est rendu responsable des défaites militaires et des dissensions politiques internes, voire des famines qui ébranlent le pays.

En février 1916, le tsar apprend qu'un complot de taille se trame pour intenter aux jours du starets. Il ordonne au Président du Conseil de veiller à la sécurité de Raspoutine, mais aucune de ces mesures ne sera suffisante pour le préserver de ses adversaires les plus coriaces.

DERNIER ACTE

Avant de mourir, Raspoutine écrit : «Tsar russe ! Je pressens que je quitterai ce monde avant le premier janvier. Si ce sont des tueurs à gages qui m'assassinent, tu n'as personne à craindre. Mais si les assassins sont de ta famille, aucun de tes proches ne te survira plus de deux ans. » (BRILLET (Frédéric), « Raspoutine, un bouc émissaire idéal ? », in *Géohistoire*, n° 31, février-mars 2017, p. 26, citant SIMANOVITVH (Aron), *Raspoutine par son secrétaire*, Paris, Gallimard, 1930) Mais cette prédiction est plus que probablement un faux, rajouté par le secrétaire véreux de Raspoutine après sa mort pour enjoliver la légende. En effet, personne, pas même le starets, ne peut s'adresser au tsar de la sorte : il ne s'agit pas seulement d'un écart de vocabulaire, mais également d'une menace de mort envers l'ensemble des membres de la famille impériale.

Toujours est-il que Raspoutine savait ses jours en danger. Il ne s'est cependant pas assez méfié, puisque c'est de son plein gré qu'il se laisse inviter chez son assassin. Félix Youssoupov le convie dans son somptueux palais pour rencontrer sa jeune et belle femme Irina Alexandrovna (princesse de Russie, 1895-1970).

Le 16 décembre 1916, Félix vient lui-même chercher le starets chez lui. Dans la suite des événements, il est difficile de discerner le vrai du faux. En effet, Youssoupov publie, quelques années plus tard à Londres, une monographie sur Raspoutine dans laquelle il décrit le meurtre de ce dernier comme un acte d'hygiène public nécessaire. Cependant, il semblerait que son récit soit une mise en scène de la réalité.

En effet, Youssoupov raconte avoir regardé Raspoutine engloutir des biscuits au cyanure sans que cela ne l'affecte. Paniqué, il aurait alors sorti son pistolet et tiré plusieurs coups sur le starets. Le croyant mort, il aurait été stupéfait de voir Raspoutine se relever et tenter de fuir. Un complice, le député Vladimir Pourichkévitch (1870-1920), aurait alors achevé le moujik. Or cette version comporte plusieurs incohérences : aucune trace de cyanure n'a été retrouvée lors de l'autopsie et le cadavre montre des marques de torture dont il n'est jamais question dans le récit de l'assassin. Cette version des faits vise sans doute à cacher la participation d'une personnalité particulièrement proche de la famille impériale, le grand-duc Dimitri Pavlovitch (1891-1942).

C'est le 19 décembre que le cadavre de Raspoutine sera repêché dans la petite Neva. Le 24 décembre, il est enterré à la hâte dans un terrain vague à proximité du palais impérial. Les 10 et 11 mars 1917, son corps, qui avait été exhumé le 8 mars par des révolutionnaires, est incinéré à Lesnoïe, un petit village proche de Saint-Pétersbourg.

RÉPERCUSSIONS

QUESTION DE CLASSE

Il est une chose étrange lorsque l'on regarde avec un peu de distance l'histoire de Raspoutine : c'est de constater à quel point il est l'objet de la haine de tant de personnes différentes, sans toutefois que cela crée du lien entre elles. La société russe, voire internationale, blâme Raspoutine pour différentes raisons, chaque classe ayant de quoi lui en vouloir :

- le peuple se méfie du Raspoutine dépravé, craignant qu'il ait une influence néfaste sur la famille impériale ;
- le clergé s'indigne des manquements du starets à la dignité orthodoxe et dénonce ses comportements hérétiques ;
- la noblesse est choquée par la place de choix qu'occupe un simple moujik à la cour (sauf bien sûr son cercle d'admirateurs et admiratrices) ;
- la bourgeoisie industrielle trouve inopportune l'autorité d'un homme « sorti de nulle part » dans les affaires ;
- l'*intelligentsia* pointe du doigt l'autocratie tsariste à laquelle il participe.

Même après sa mort, Raspoutine continue à semer le trouble parmi ses compatriotes. En effet, malgré le choc que provoque son assassinat au sein de la famille impériale, Nicolas II et Alexandra renoncent à un procès qui aurait entaché encore davantage leur réputation. Or, en laissant ce crime impuni, le tsar est une nouvelle fois critiqué par le peuple russe, outré par l'impunité dont jouissent les assassins du moujik. Le 1ᵉʳ mars 1917, soit quelques mois à peine après la mort de Raspoutine, le tsar abdique : c'est la fin de la Russie impériale et de la famille Romanov.

ÉCHIQUIER POLITIQUE

Les positions des différents partis politiques face à Raspoutine sont à mettre en lien avec ces distinctions de classes. Les critiques à son endroit se font de plus en plus violentes à partir du moment où il commence à exprimer un avis sur des questions politiques. Lorsqu'il déclare clairement s'opposer à une entrée en guerre de la Russie au côté du Monténégro, ce refus ne passe pas inaperçu. Aussi est-il pris à parti par plusieurs acteurs politiques :

- les panslavistes honnissent son pacifisme. Pour eux, la Russie a perdu une bonne occasion de réaffirmer la puissance slave dans les Balkans ;
- les droites libérales et monarchiques s'inquiètent de l'attitude entreprenante de Raspoutine à propos de la question politique ;
- la gauche le considère comme un allié du conservatisme tsariste, un moine à la solde du conformisme orthodoxe.

Notons que l'opprobre qui couvre Raspoutine croît parallèlement à sa visibilité. Autrement dit, plus on parle de lui, plus les gens posent un regard négatif sur sa personnalité.

De même que toutes les classes sociales le détestent, on observe une quasi-unanimité des partis à l'égard du starets. Mais les causes de la critique sont si différentes qu'elle ne facilite à aucun moment la rencontre entre ces partis antagonistes.

LA LÉGENDE

Objet des haines les plus diverses de son vivant, Raspoutine continue à être accusé après sa mort. L'U.R.S.S. instrumentalise son image pour illustrer la déchéance morale de l'Ancien Régime. Ses traits sont exagérés, ses tares grossies, son pouvoir décuplé. Il devient, dans de nombreuses œuvres littéraires et cinématographiques, un personnage à la limite du fantastique, souvent agrémenté d'une sérieuse couche de lubricité ou d'érotisme. Les Alliés comme les Allemands l'utilisent eux aussi comme incarnation du Mal, dans des mises en scène qui bien souvent n'ont plus grand-chose à voir avec l'Histoire.

Parmi les plus célèbres récupérations du personnage, Boney M. (groupe jamaïco-antillais de disco-pop, actif de 1976 à 1985) sort en 1978 *Rasputin, Russia's greatest love machine*, un titre disco qui passe encore aujourd'hui à la radio.

Une vingtaine d'années plus tard, Fox Animation Studio présente *Anastasia* (1997), un dessin d'animation où Raspoutine est une sorte de mort-vivant ayant pour unique but de mettre fin à la dynastie des Romanov en tuant sa dernière représentante.

OBJET DE L'HISTOIRE

Raspoutine a largement contribué à la baisse de popularité de la famille impériale, et même à son discrédit. De cette manière, il a participé à la transition du tsarisme vers le bolchevisme. Cependant, les hypothèses selon lesquelles il aurait œuvré de son vivant pour renverser les Romanov sont de l'ordre du fantasme. Rien n'a jamais nourri ce postulat, sinon la paranoïa des impérialistes d'antan. De même, il est presque impossible d'imaginer qu'il ait servi à un quelconque moment d'agent infiltré à la solde de l'Allemagne.

Aujourd'hui encore, Raspoutine continue à faire couler beaucoup d'encre. En effet, après la chute du mur de Berlin en 1989, d'anciennes archives, inaccessibles tout au long du régime communiste, sont à nouveau consultables. Les historiens, qui souvent s'étaient contentés de légendes et de témoignages douteux, remettent en question la diabolisation du moine et complexifient leur analyse de cette personnalité si singulière.

EN RÉSUMÉ

- Grigori Raspoutine est issu d'une famille de paysans sibériens, ce qui rend sa fulgurante ascension si incroyable, dans un contexte d'immobilité sociale particulièrement fort. Presque illettré, il se marie et s'installe dans son village d'origine. Rien ne laissait présager que ce moujik allait bientôt côtoyer les personnalités les plus inaccessibles de l'Empire russe.

- Depuis son plus jeune âge, il entretient un lien particulier avec la religion, puisqu'on lui attribue des visions de la Vierge et des dons de divination. Grigori prend la route dès qu'il en a l'âge et va découvrir les monastères orthodoxes de la Sibérie à la Grèce. Durant ses voyages, il se forge une renommée d'homme de Dieu aux pouvoirs hors du commun.

- En plus d'un certain talent d'orateur qu'il exerce lors de sermons, Raspoutine est doté d'un charisme dont chaque personne qu'il rencontre témoigne. Ses yeux semblent transpercer son interlocuteur, ses mains apaiser la douleur, ses prières arriver directement dans l'oreille de Dieu.

- Lorsqu'il se rend pour la première fois à Saint-Pétersbourg en 1905, Raspoutine est ébloui par le luxe de la capitale. Il décide de s'y établir pendant un temps, nourrissant l'ambition de faire la connaissance de la famille impériale. Pour ce faire, il fait jouer toutes ses connaissances et parvient à ses fins.

- Après une première rencontre, Raspoutine est appelé à l'aide par l'impératrice dont le fils, le tsarévitch Alexis, est atteint d'hémophilie. Alors que les médecins de la cour se trouvent impuissants face au mal de l'enfant, Raspoutine parvient à l'apaiser rapidement.

- À la fois guérisseur des corps et des âmes, Raspoutine se forge une place de plus en plus influente au sein de la famille impériale. La position soudainement si importante qu'occupe le starets déplaît à de plus en plus de personnes de la cour, de la Douma ou simplement du peuple.

- Parallèlement à son rôle de saint homme, Raspoutine masque mal un penchant marqué pour l'alcool et les femmes. Son parcours est ponctué des scandales que le tsar excusera systématiquement, conscient de la dépendance que la famille impériale a développée à son égard.

- Sa position influente attirant de plus en plus de mécontentement, Raspoutine finit par succomber, victime d'un énième complot contre sa personne. Ses assassins, tous membres de la noblesse, pensent sauver la Russie impériale. L'Histoire nous apprendra que ce meurtre n'y suffira pas.

POUR ALLER PLUS LOIN

SOURCES BIBLIOGRAPHIQUES

- Brillet (Frédéric), « Raspoutine, un bouc émissaire idéal ? », in *Géohistoire*, n° 31, février-mars 2017, p. 26-27.
- Carrère d'Encausse (Hélène), *Les Romanov. Une dynastie sous le règne du sang*, Paris, Fayard, 2013.
- Cars (Jean des), *Nicolas II et Alexandra de Russie. Une tragédie impériale*, Paris, Perrin, 2015.
- Grey (Marina), *Qui a tué Raspoutine ?*, Paris, In Fine, 1995.
- Guérassimov (Général), *Tsarisme et terrorisme. Souvenirs du Général Guérassimov, ancien chef de l'Okhrana de Saint-Pétersbourg 1909-1912*, Paris, Plon, 1934
- Eden (Michel de), *Raspoutine*, Paris, Fayard, 1976.
- Mary (Luc), *Raspoutine. Prophète ou imposteur ?*, Paris, L'Archipel, 2014.
- Mourousy (Paul), *Raspoutine*, Paris, France-Empire, 1985.
- Paléologue (Maurice), *Le crépuscule des tsars. Journal (1914-1917)*, Paris, Mercure de France, 2007.
- Radzinski (Edvard), *Raspoutine : l'ultime vérité*, Paris, J.-C. Lattès, 2000.
- Sumpf (Alexandre), *Raspoutine*, Paris, Perrin, 2016.
- Ternon (Yves), *Raspoutine. Une tragédie russe*, Bruxelles, Complexe, 1991.
- Youssoupoff (Félix), *Mémoires*, s. l., V&O Éditions, 1990.

SOURCES COMPLÉMENTAIRES

- Roullier (Alain), *Raspoutine est innocent*, Nice, France

Europe, 1998.

- Sᴇʙᴀɢ Mᴏɴᴛᴇғɪᴏʀᴇ (Simon), *Les Romanov. 1613-1918*, Paris, Calmann-Lévy, 2016.
- Sɪᴍᴀɴᴏᴠɪᴛᴠʜ (Aron), *Raspoutine par son secrétaire*, Paris, Gallimard, 1930.
- Tᴇʀɴᴏɴ (Yves), *Raspoutine*, Bruxelles, André Versaille, 2011.

FILMS ET DOCUMENTAIRES

- *The Fall of the Romanoffs*, film muet d'Herbert Brenon, avec Edward Connely dans le rôle de Raspoutine, États-Unis, 1917.
- *Rasputin, Dämon der Frauen*, film d'Adolf Trotz, avec Conrad Veidt dans le rôle de Raspoutine, Allemagne, 1932.
- *La Tragédie impériale*, film de Marcel L'Herbier, avec Harry Baur dans le rôle de Raspoutine, France, 1938.
- *Raspoutine*, film de Josée Dayan, avec Fanny Ardent et Gérard Depardieu dans le rôle de Raspoutine, coproduction franco-russe, 2011.
- *Raspoutine, meurtre à Saint-Pétersbourg*, documentaire d'Eva Gerberding, Allemagne, 2016.

LITTÉRATURE

- Fᴇ́ᴅᴏʀᴏᴠsᴋɪ (Vladimir), *Le Roman de Raspoutine*, Monaco, Éditions du Rocher, 2011.
- Lᴇ Qᴜᴇᴜx (William), *Histoire extraordinaire de Raspoutine. Le moine scélérat*, Paris, L'Édition française illustrée, 1919.

- SAINT-PIERRE (Isaure de), *Raspoutine, le fol en Christ*, Paris, Le Livre de Poche, 2004.
- VIDAL (Philippe), *Raspoutine, le paria de Dieu. Mémoires apocryphes*, Paris, Michel Lafon, 2001.
- ZAMIATINE (Eugène), *Le pêcheur d'hommes*, Paris, Payot et rivages, 1990.

SOURCES ICONOGRAPHIQUES

- Grigori Raspoutine entouré du général Putyatin et du colonel Loman, vers 1907 par Karl Bulla (photographe d'origine prussienne, 1853-1929). La photo reproduite est réputée libre de droits.
- Portrait de Nicolas II, peinture à l'huile d'Earnest Lipgart (1847-1932), 1900. La photo reproduite est réputée libre de droits.
- Le matin du 9 janvier (à la porte de Narva), gravure d'un artiste inconnu, avant 1925. La photo reproduite est réputée libre de droits.
- Raspoutine entouré de la tsarine, de ses enfants et de la gouvernante, 1908. La photo reproduite est réputée libre de droits.
- Photographie (de gauche à droite) de deux starets, de Théophane et de Raspoutine, 1909. La photo reproduite est réputée libre de droits.

Votre avis nous intéresse !
Laissez un commentaire sur le site de votre librairie en ligne
et partagez vos coups de cœur sur les réseaux sociaux !

Éditeur responsable : Lemaitre Publishing
Avenue de la Couronne 159 | BE-1050 Bruxelles
info@lemaitre-editions.com

ISBN ebook : 978-2-8062-9737-2
ISBN papier : 978-2-8062-9738-9
Dépôt légal : D/2017/12603/267
Photo de couverture : réputée libre de droits.

Conception numérique : Primento,
le partenaire numérique des éditeurs.